SECOND

ALPHABET,

OU PREMIER LIVRE DE LECTURE,

DIVISÉ PAR SYLLABES,

A L'USAGE DES ÉCOLES PRIMAIRES,

ENRICHI D'HISTORIETTES, DE PENSÉES, MAXIMES MORALES ET DE NOTIONS
D'HISTOIRE NATURELLE.

Propres à former le cœur des Enfants,

Approuvé par les Conseils d'Instruction.

NOUVELLE ÉDITION AUGMENTÉE.

A FÈRE-CHAMPENOISE.

CHEZ MALTRAIT, LIBRAIRE, RELIEUR ET ÉDITEUR.

1845.

X

SECOND

ALPHABET,

OU PREMIER LIVRE DE LECTURE,

DIVISÉ PAR SYLLABES,

A L'USAGE DES ÉCOLES PRIMAIRES,

ENRICHI D'HISTORIETTES, DE PENSÉES, MAXIMES MORALES ET DE NOTIONS
D'HISTOIRE NATURELLE,

Propres à former le cœur des Enfants,

AUGMENTÉ D'UNE TABLE DE MULTIPLICATION.

Approuvé par les Conseils d'Instruction,

NOUVELLE ÉDITION AUGMENTÉE.

A FÉRE-CHAMPENOISE,

CHEZ MALTRAIT, LIBRAIRE, RELIEUR ET ÉDITEUR.

1845.

A MES ENFANTS,

C'est à ton souvenir mon cher Emile.

Mes jeunes amis, de ces leçons tâchez de profiter :
C'est mon amour pour vous qui dicta cet ouvrage ;
Heureux si par mes soins vous pouvez éviter.
Les maux que doit souffrir l'enfant qui n'est pas sage.

A B C D E F
G H I J K L
M N O P Q R S
T U V W X Y Z

a b c d e f g
h i j k l m n
o p q r s t u v w
x y z

Il faut prononcer : J ji.

a b c d e f g h
i j k l m n o p
q r s t u v w
x y z

a b c d e f g
h i j k l m n
o p q r s t u v
w x y z

$$A \; B \; C \; D \; E \; F \; G \; H$$

$$I \; J \; K \; L \; M \; N \; O \; P$$

$$Q \; R \; S \; T \; U \; V \; W$$

$$X \; Y \; Z$$

$$a \; b \; c \; d \; e \; f \; g \; h \; i \; j \; k \; l$$

$$m \; n \; o \; p \; q \; r \; s \; t \; u \; v \; w$$

$$x \; y \; z$$

VOYELLES SIMPLES.

a e é è i o u
A E É È I O U

CONSONNES SIMPLES.

p d b k q f g r m n c s
P D B K Q F G R M N C S
l t v x z h j
L T X V Z H J

EXERCICES.

m c a k r, é g h, è u i n p
j f d o b e z y x q l s v t

SYLLABES.

ar	er	or	ur
ax	ix	ox	ux
ut	it	ot	ut
ac	ic	oc	uc
ag	ig	og	ug
al	il	ol	ul
af	if	of	uf
ad	id	od	ud
ap	ip	op	up
ab	ib	ob	ub
as	is	os	us

SYLLABES (Suite.)

pa	pe	pé	pè	pi	po	pu
fa	fe	fé	fè	fi	fo	fu
ha	he	hé	hè	hi	ho	hu
la	le	lé	lè	li	lo	lu
ta	te	té	tè	ti	to	tu
ba	be	bé	bè	bi	bo	bu
da	de	dé	dè	di	do	du
va	ve	vé	vè	vi	vo	vu
za	ze	zé	zè	zi	zo	zu

SYLLABES (Suite.)

ma	me	mé	mè	mi	mo	mu
ra	ré	ré	rè	ri	ro	ru
na	ne	né	nè	ni	no	nu
ja	je	jé	jè	ji	jo	ju
ga	»	»	»	»	go	gu
sa	se	sé	sè	si	so	su
ca	»	»	»	»	co	cu
xa	xe	xé	xè	xi	xo	xu

MOTS.

é-té.
é-pi.
i-ra.
é-mu.
u-ni.
o-de.
ca-ve.
pi-pe.
da-me.
zé-ro.
ma-ri.
ca-fé.
pa-pa.
bu-re.
lo-ge.
cô-té.
fa-ce.
lo-to.

a-ho-li.
é-co-le.
mé-rité.
sa-la-de.
ad-mi-ré.
ob-te-nu.
or-ga-ne.
re-mè-de.
ac-ti-ve.
a-do-ré.
do-ru-re.
pa-ra-de.
dé-vo-ré.
oc-ta-ve.
ci-ga-re.
en-ra-gé.
né-go-ce.
vé-né-ré.

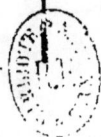

MOTS.

al-co-ve.
u-ni-té.
co-lo-ré.
o-xi-dé.
al-té-ré.
or-bi-te.
al-ca-li.
ar-mu-re.
an-na-le.
er-mi-te.
al-ca-de.
a-ci-de.
ca-ba-ne.
na-tu-re.
tu-li-pe.
fi-gu-re.
ca-na-pé.

op-po-se-ra.
il-lu-mi-né.
ar-ba-lè-te.
ap-ti-tu-de.
dé-so-bé-ir.
ar-ti-cu-lé.
oc-to-go-ne.
ar-ti-fi-ce.
ar-ri-va-ge.
ur-ba-ni-té.
ca-co-lo-gie.
gé-né-ra-li-té.
ca-ra-bi-ne.
ca-ma-ra-de.
ba-di-na-ge.
co-ri-a-ce.

PHRASES.

Le lé-gu-me, le re-mè-de, la ta-pe, la fê-te de pa-pa, du sa-lé gâ-té, le cu-ré sé-vè-re, le re-mè-de du ma-la-de, le pâ-té sa-lé, on fu-me u-ne pi-pe, la ca-ba-ne so-li-de, le dé-pu-té, on a dî-né, le li-on dé-vo-re un â-ne, il di-ra la pu-re vé-ri-té.

Oc-ta-ve a une robe de pa-ra-de. Il a vu le dé-pu-té. Le pè-re et la mè-re ab-so-lus. Il a ob-te-nu u-ne ar-me. L'é-co-le so-li-de. Il au-ra u-ne ar-me. Il a de la sa-la-de.

SYLLABES.

bal	bac	bar	bas	ber
bel	bec	bes	bir	bil
bis	bor	bol	bos	bus
bar	bol	boc	bed	bid
cal	cap	car	cep	cer
cir	col	coq	cor	cul
dar	der	des	det	dic
dir	dif	dor	duc	dur
fac	fal	far	fer	fes
fil	for	fol	far	fir
gal	gar	gas	gel	ger
ges	gas	gos	jar	jus
jac	jil	jir	jol	jor
lac	lar	lec	les	lic
lir	ler	lor	lur	lis

SUITE DES SYLLABES.

mal	mar	mer	mel	mir
mor	mur	mal	mil	mol
nal	nar	ner	nif	nor
nir	nul	nel	nol	nic
pac	pil	pol	pul	par
per	pis	pos	pus	pal
rac	roc	ris	rol	rul
sil	sis	soc	sol	sor
sab	suc	sud	sur	ser
tac	tal	tar	tel	ter
tes	til	tir	toc	tor
vac	val	vas	ver	ves
vel	vec	vif	vil	vir
zes	zig	zag	zur	zor
zil	zal	zol	zon	zin

MOTS.

cal-cul.	tar-tine.	a-ni-mal.
per-du.	car-na-val.	lec-tu-re.
des-tin.	pec-to-ral.	sub-ve-nir.
dor-mir.	ca-ra-mel.	co-lo-nel.
par-mi.	hô-pi-tal.	ré-col-te.
a-zur.	in-ves-ti.	bas-cu-le.
fac-teur.	mar-mi-te.	cul-ti-ver.
to-tal.	bor-du-re.	pis-to-let.
sor-tir.	dé-mo-lir.	bur-les-que.
tor-du.	vir-gu-le.	des-po-te.
mar-di.	ré-vol-te.	pa-ra-sol.
bé-mol.	mé-ri-nos.	é-nor-me.
sou-pir.	pur-ga-tif.	vul-né-rai-re.
sub-til.	vic-toi-re.	ori-gi-nal.
bo-cal.	for-tu-ne.	le-car-di-nal.
val-se.	cul-bu-te.	mul-ti-tu-de.
ve-nir.	bar-ba-re.	é-dul-co-ré.
ca-nif.	mor-su-re.	in-sol-va-ble.

PHRASES.

Le ca-nif de Vic-tor est per-du.

La pe-ti-te por-te du jar-din est ou-ver-te.

Un a-mi sûr et fi-dè-le.

Mé-dor m'a mor-du à la jam-be droi-te.

Gar-de ta pa-ro-le.

L'ac-ti-vi-té mè-ne à la for-tu-ne.

L'é-tu-de du cal-cul est u-ti-le.

Il faut pu-nir le vol et le cri-me.

Il a u-ne bel-le co-car-de.

Tu au-ras un pa-ra-sol.

SYLLABES.

beu	bou	bam	bin	bon
poi	pon	peu	pan	pin
coi	cou	can	con	can
dan	din	don	dun	doi
fou	fçu	fau	fun	fan
goi	gan	gon	gau	gou
jan	jin	jau	joi	jou
lan	lou	lin	lun	loi
meu	mou	man	min	mun
noi	neu	nin	nun	non
roi	rou	run	rin	ran
sou	son	san	soi	seu
toi	ton	tin	tan	tou
von	vou	van	vin	voi
zun	zon	zeu	zou	zan

MOTS.

bon-té.	bu-rin.	fan-tô-me.
bou-din.	ron-de.	vé-té-ran.
din-don.	pan-tin.	ou-ra-gan.
mou-ton.	pin-son.	cou-tu-re.
lun-di.	la-pin.	fé-mi-nin.
bu-tin.	a-veu.	ar-moi-re.
mon-de.	gau-sé.	re-dou-te.
rou-te.	bou-le.	a-ban-don.
ga-zon.	voû-te.	gon-do-le.
sau-té.	bu-tin.	mé-moi-re.
ju-pon.	dan-se.	in-fan-te.
mou-lin.	bâ-ton.	pa-te-lin.
fon-du.	bou-ton.	pin-ta-de.
tan-te.	lar-don.	ton can-ton.
boi-re.	gou-jon.	la rou-te.
poi-re.	sau-te.	un fou-lon.
dé-mon.	ru-ban.	la pin-te.
fon-te.	mou-le.	la poule.

SYLLABES.

bla	blou	bloi	blu	bra	brin
pli	pré	plai	plin	pren	pri
dro	dra	droi	drou	drin	dru
tra	tre	trou	tran	trin	trau
vra	vri	vro	vré	vre	vru
fla	flin	flo	flam	flai	flan
spa	spé	spon	spu	spi	spo
ste	sta	stan	sta	ste	stin
sco	sca	scau	scan	sca	clou
cloi	clo	clin	cla	cle	cli
cran	cri	croi	cré	cru	cre
gla	gloi	gla	gli	gle	glé
gre	gra	gru	gri	gro	grou
cho	cham	chi	choi	chu	ché
gno	gna	gni	gné	gnan	gnau

MOTS.

prou-ve.

em-ploi.

prè-tre.

blon-de.

bri-de.

blan-chi.

pri-me.

pru-ne.

blo-qué.

pren-dre.

flan-chi.

frai-se.

frè-re.

plu-me.

psau-me.

prin-ce.

trou-pe.

tran-che.

é-loi-gna.

ex-trè-me.

com-pa-gnon.

dé-li-vré.

sti-pu-lé.

di-gni-té.

es-ca-dron.

je vou-drai.

pou-dreuse.

dis-pu-te.

gas-tri-te.

le trou-ble.

le blai-reau.

un em-ploi.

un pru-neau.

le stè-re.

le bron-ze.

la pri

chau-de-ment.

ré-gnan-te.

stu-di-eux.

cré-a-tu-re.

clô-tu-re.

clé-men-ce.

la cloi-son.

cor-ni-chon.

un gro-gnon.

une spi-ra-le.

un flo-con.

la re-pri se.

Ca-lyp-so.

Es-pa-gne.

la tran-che.

le bla-son.

u-ne trom-pe.

fran-chi-se.

PHRASES.

Le mou-ton brou-te sur le ga-zon. Le cou du din-don. La pou-le à ma tan-te a pon-du. Con-sul-te ta tan-te et ta ma-man. É-cou-te ton pa-pa. Un ca-non fon-du. La voi-tu-re rou-le sur la rou-te. Vic-tor man ge du la-pin a-vec son cou-sin É-mi-le. Ma tan-te m'a don-né un jou-jou. O-bli ge ton voi-sin, et ton voi-sin un jour te le ren-dra. Il a en-le-vé la re-dou-te ce ma-tin. Tu i-ras à son con-voi. Il man-ge du din-don et il boit du bon vin.

PHRASES.

Mon frè re 'a u ne fleur blan che. La chè vre brou te l her be. L'i vro gne est indi gne de vi vre.

Ar thur au ra un beau li vre.

La fru ga li té pro cu re u ne san té ro bus te.

Re gar de l'or dre ad mira ble de la na tu re.

Paul au ra un pru neau.

Un bon a mi est un trésor.

Le plai sir est pas sa ger.

La re li gion con so le.

On blâ me u ne ac ti on nui si ble.

MAXIMES.

Sou ve nez-vous de vo tre
cré a teur pen dant les jours
de vo tre jeu nes se, a vant
que le temps de l'af flic tion soit ar ri vé.

Le sei gneur con ser ve
ceux qui ont le cœur droit
et il pro tè ge ceux qui marchent dans la sim pli ci té.

La crain te du sei gneur
est le com men ce ment de
la sa ges se.

Le sa ge craint le mal et

s'en dé tour ne; l'in sen sé
pas se ou tre et se croit en
sû re té.

Mon fils, gar dez ma loi
et ob ser vez mes con seils;
ils se ront la vie de vo tre
â me, et vous ne crain drez
point du rant vo tre som-
meil; vous re po se rez tran-
quil le ment et dou ce ment;

Car le sei gneur se ra à
vos cô tés; il con dui ra vos
pieds, et vous em pê che ra
de tom ber dans les pié ges.

PRIÈRES QU'ON DOIT RÉCITER DANS LES ÉCOLES.

PRIÈRES DU MATIN.

Avant la classe.

1. Au nom du Père, et du Fils, et du Saint-Esprit. Ainsi soit il.

Venez, Esprit saint, remplissez nos cœurs et allumez-y le feu de votre amour.

Mon Dieu, qui avez instruit le cœur des fidèles par les lumières du Saint-Esprit, donnez-nous la grâce d'aimer tout ce qui est bon, juste et vrai, par le même Saint Esprit, et de trouver

notre bonheur dans ses con-
solations. Nous vous le de-
mandons par Jésus Christ
notre Seigneur. Ainsi soit il.

L'Oraison Dominicale.

2. Notre Père, qui êtes
dans les cieux, que votre
nom soit sanctifié; que votre
règne arrive; que votre vo-
lonté soit faite en la terre
comme au ciel Donnez nous
aujourd'hui notre pain quo-
tidien; et pardonnez nous
nos offenses, comme nous
pardonnons à ceux qui nous
ont offensés; et ne nous lais-
sez point succomber à la ten-

tation; mais délivrez nous du mal. Ainsi soit il.

La Salutation Angélique.

5. Je vous salue, Marie, pleine de grâces : le Seigneur est avec vous ; vous êtes bénie entre toutes les femmes, et Jésus, le fruit de vos entrailles, est béni.

Sainte Marie, mère de Dieu, priez pour nous pauvres pécheurs, maintenant et à l'heure de notre mort. Ainsi soit il.

Le Symbole des Apôtres.

4. Je crois en Dieu, le Père tout puissant, créateur

du ciel et de la terre; et en Jésus Christ, son Fils unique, notre Seigneur, qui a été conçu du Saint Esprit, est né de la Vierge Marie, a souffert sous Ponce Pilate, a été crucifié, est mort et a été enseveli : est descendu aux enfers, est ressuscité des morts le troisième jour, est monté aux cieux, est assis à la droite de Dieu le Père tout puissant, d'où il viendra juger les vivants et les morts.

Je crois au Saint-Esprit, la sainte Église catholique, la communion des Saints, la rémission des péchés, la ré-

surrection de la chair, la vie
éternelle. Ainsi soit il.

Au nom du Père, et du
Fils, et du Saint Esprit.
Ainsi soit il.

Après la classe du matin.

5. Au nom du Père, et du
Fils, et du Saint Esprit.
Ainsi soit il.

Sainte mère de Dieu, nous
nous mettons sous votre pro-
tection; ne méprisez pas nos
invocations quand nous sommes dans le malheur, mais
délivrez nous sans cesse de
toute espèce de dangers,
Vierge glorieuse et bénie.
Ainsi soit il.

Les Commandéments de Dieu.

6. Un seul Dieu tu adoreras
Et aimeras parfaitement.
Dieu en vain tu ne jureras,
Ni autre chose pareillement.
Les Dimanches tu garderas,
En servant Dieu dévotement.
Tes père et mère honoreras,
Afin que tu vives longuement.
Homicide point ne seras,
De fait ni volontairement.
Impudique point ne seras,
De corps ni de consentement.
Le bien d'autrui tu ne prendras,
Ni retiendras à ton escient.
Faux témoignage ne diras,
Ni mentiras aucunement.
La femme ne convoiteras
De ton prochain charnellement.
Biens d'autrui ne désireras,
Pour les avoir injustement.

Les Commandements de l'Église.

7. Les fêtes tu sanctifieras,
En servant Dieu dévotement.

Les Dimanches la Messe ouïras,
Et Fêtes de commandement.

Tous tes péchés confesseras,
A tout le moins une fois l'an.

Ton Créateur tu recevras,
Au moins à Pâques humblement.

Quatre-Temps, Vigiles jeûneras,
Et le Carême entièrement.

Vendredi chair ne mangeras,
Ni le Samedi pareillement.

PRIÈRES DU SOIR.

Avant la Classe.

8. In nomine Patris, et Filii, et Spiritûs sancti. Amen.

Veni, sancte Spiritus, reple tuorum corda fidelium, et

tui amoris in eis ignem accende.

Deus, qui corda fidelium sancti Spiritûs illustratione docuisti, da nobis in eodem Spiritu recta sapere, et de ejus semper consolatione gaudere; per Christum Dominum nostrum. Amen.

L'Oraison Dominicale.

9. Pater noster, qui es in cœlis; sanctificetur nomen tuum. Adveniat regnum tuum. Fiat voluntas tua, sicut in cœlo et in terrâ. Panem nostrum quotidianum da nobis hodiè. Et dimitte nobis debita nostra, sicut et

nos dimittimus debitoribus nostris. Et ne nos inducas in tentationem; sed libera nos à malo. Amen.

La Salutation Angélique.

10. Ave, Maria, gratiâ plena, Dominus tecum benedicta tu in mulieribus, et benedictus fructus ventris tui Jesus.

Sancta Maria, Mater Dei, ora pro nobis peccatoribus, nunc et in horâ mortis nostræ. Amen.

Le Symbole des Apôtres.

11. Credo in unum Deum, Patrem omnipotentem crea-

torem cœli et terræ: et in Je-
sum Christum Filium ejus
unicum Dominum nostrum;
qui conceptus est de Spiritu
sancto; natus ex Mariâ Vir-
gine : passus sub Pontio Pi-
lato, crucifixus, mortuus et
sepultus : descendit ad infe
ros : tertiâ die resurrexit à
mortuis ; ascendit ad cœlos;
sedet ad dexteram Dei Patris
omnipotentis, indè venturus
est judicare vivos et mortuos.

Credo in Spiritum sanc-
tum, sanctam Ecclesiam ca-
tholicam, Sanctorum com-
munionem, remissionem
peccatorum, carnis resurrec-

tionem , vitam æternam. Amen.

12. In nomine Patris, et Filii, et Spiritûs sancti. Amen.

Sub tuum præsidium confugimus, sancta Dei genitrix; nostras deprecationes ne despicias in necessitatibus nostris, sed à periculis cunctis libera nos semper, Virgo gloriosa et benedicta. Amen.

15. Confiteor Deo omnipotenti, beatæ Mariæ semper-Virgini, beato Michaëli Archangelo, beato Joanni Bap-

tistæ, sanctis apostolis Petro
et Paulo, et omnibus Sanctis,
quia peccavi nimis cogita-
tione, verbo et opere.

Meâ culpâ, meâ culpâ,
meâ maximâ culpâ. Ideo
precor beatam Mariam, semper Virginem, beatum Mi-
chaëlem archangelum, bea-
tum Joannem Baptistam,
sanctos apostolos Petrum et
Paulum, omnes sanctos, et
te, pater, orare, pro me ad
Dominum Deum nostrum.

(Fin de la première partie.)

14. Mes chers en fants, la lecture est bien l'ob jet le plus pé ni ble, le plus a ri de, le plus re bu tant de votre â ge; mais quand un jour vous re-con naî trez que c'est la clef de tou tes les sci en ces, le seul moi ien de ré us sir dans les arts, com bien ne vous es ti me rez vous pas heu reux d'a voir vain cu tou tes ces dif fi cul tés!

Com bien n'au rez vous pas d'o bli ga ti ons à ceux qui vous au ront gui dés dans cet te car riè re, a pla ni le che min, et ai dés à sur mon-ter tous les obs ta cles!

Ce n'est que dans quel ques
an nées que vous pour rez
ap pré cier le mé rite de la
lec tu re, lors qu'a vec son
se cours, vous pour rez rendre hom ma ge au cré a-
teur de tou tes cho ses, con-
naî tre en li sant les livres
saints, tou te l'é ten due de
ce qu'il a fait pour vous, et
les moi iens de lui en té moi-
gner vo tre re con nais san-
ce.

Par la lec tu re, vous pour-
rez pré ten dre à tou tes les
con nais san ces. Ou tre la
per fec tion que vous ac-
quer rez dans l'é tat que vous

em bras se rez, la gé o gra-
phie vous fe ra con naî tre
les di vers ha bi tants de la
ter re, et l'his toi re, en vous
fai sant le ré cit de leurs bel-
les ac tions, vous di ra celles que vous de vez i mi ter,
et cel les que vous devez re-
je-ter.

C'est-là où vous pour rez
pui ser la vraie sa ges se qui
vous fe ra ché rir de vos
pa rents et ai mer de tout le
mon de.

CRÉATION DU MONDE.

15. Dieu a fait le mon de de
rien, par sa paro le et par sa

vo lon té, et pour sa gloi re. Il l'a fait en six jours. Le premier jour, il cré a le Ciel et la Ter-re, en sui te la Lu miè re ; le se cond jour, il cré a le Fir ma-ment, qu'il ap pe la le Ciel ; le troi sième jour, il sé pa ra l'Eau et la Ter re, et fit pro-dui re à la ter re tou tes les Plan tes; le quatriè me, il cré-a le So leil, la Lu ne, et les É-toi-les : le cin quiè me, il for ma les Oi seaux dans l'air, et les Pois sons dans la mer ; le si xiè me, il pro dui-sit les A ni maux ter restres, et for ma l'hom me à son i ma ge.

DE L'HOMME.

16. L'homme, mes enfants, est une cré a tu re rai son na ble com po sée d'un corps et d'une âme ; le pre mier hom me et la pre miè re fem me que Dieu ait cré és sont A dam et È ve ; et c'est d'eux que sont ve nus tous les hom mes.

Oui, mes en fants, c'est Dieu qui fit le Mon de, et la Ter re et les Cieux ; c'est lui qui nous a faits : nous som mes sous ses yeux.

C'est lui qui, cha que jour,

sou tient no tre ex is ten-
ce ; nous lui de vons une en-
tiè re re con nais san ce.

Dieu peut tout , mes en-
fants, il faut , par la pri-ère ,
ob-te nir ce qui doit fai re
notre·bon heur : car c'est lui
qui, du pau vre a dou cit la
mi sè re , et qui du mal heureux con so le la dou leur.

CONDUITE.

17. Dieu, mes en fants, ne
nous dit, ni de trom per ni de
men tir ; l'hon nête hom me
dit tou jours la vé ri té, ainsi ne vous per met tez pas
la plus fai ble im pos tu re.

Le sa ge, s'il a tort, ne doit qu'en con ve nir. Ce n'est que le mé chant qui ment sur sa con dui te. Je vous di rai, mes jeu nes a mis, que ce Dieu si bon nous en vo yâ son fils Jé sus-Christ, né de la Sain te-Vier ge Ma rie sa mè re : ce cher fils de Dieu est mort pour nous ra che ter de nos pé-chés.

Je vous dis donc, mes en-fants, que Jé sus-Christ est mort, mais il est en sui te res sus ci té ; Jé sus vit en co re, et il vi vra éter-nel le ment. Sa chez donc que toute puis san ce lui a été don née sur le ciel et sur la ter re; cro yez en lui; es pé rez en lui; ai mez-le de tout vo tre cœur pen dant vo tre vie en tiè re; re cueil lez, conservez sa doc tri ne dans le fond de vos â mes; res pec tez-la, sui vez-la, afin que vous de ve niez de pieux en fants de Dieu, que vous so yez pré ser vés du mal, que l'es prit de Jé sus soit avec vous, et qu'il vous con dui se à tra vers ce mon de vers une vie éter nel le.

DE LA RELIGION.

18. De tou tes les con nais san ces, cel le de la vraie Re-gion est, sans con tre dit, la plus né ces sai re, puis-qu'el le est es sen ti el le-ment li ée à la bon ne é du-ca ti on; qu'el les se sou tien-nent l'u ne par l'au tre, et que le bon heur des E tats en dé pend; car la re li gi-on est tou jours le meil-leur ga rant que l'on puis-se a voir des hom mes.

En vain sans re li gi on pré tend-on se pa rer du

beau non d'hon nê te hom-
me. Pour mé ri ter ce ti-
tre, on ne doit pas moins
ren dre à Dieu ce qu'on lui
doit, ce qu'on doit aux hommes.

La Re li gi on est un cul-
te que l'on rend au vrai-
Dieu cré a teur de tout
ce qui ex is te, par le sa-
cri fi ce du cœur et de l'esprit, et par la pra ti que
des de voirs et des céré-
mo nies que Dieu lui-mê-
me a en en sei gnés et or-
don nés aux hom mes par
ses pro phè tes et par Jé-
sus-Christ le fils de Dieu,

de ve nu hom me, et né d'u-
ne Vier ge, qui a souf fert
la mort pour le sa lut du
mon de.

La vraie re li gi on'mi se
en pra ti que, don ne de la
pro bi té à tout le mon de,
de la jus ti ce aux prin ces,
de la fi dé li té aux su jets,
de la quié tu de aux Ma-
gis trats, de la sou mis sion
aux in fé ri eurs, de la bonne foi dans le com mer ce
et dans les con trats, de l'u-
nion dans les ma ri a ges, de
la paix dans les fa mil les ;
en fin de l'é qui té et de l'hu-
ma ni té en vers tous. L'ir-

ré li gi on pro duit tous les
vi ces con trai res à ces
ver tus.

RÉFLEXIONS.

ET MAXIMES MORALES.

19. Un en fant dé so bé is-
sant est la hon te et l'op pro-
bre de la na tu re.

L'o bé is san ce aux com-
man de ments de Dieu vaut
mieux que l'em pi re de toute la ter re.

Ce lui qui es ti me son argent plus que son hon neur,
est in di gne de l'un et de l'autre.

Ce lui qui s'est con ser vé la
pos ses sion de Dieu, n'a
rien per du quand il au rait
per du le res te du mon de.

Ce lui qui né glige de faire du bien lors que l'oc ca-
si on s'en pré sen te, n'est
pas moins blâ ma ble que celui qui ne man que pas de
fai re du mal lors qu'il le
peut.

Ce lui qui mé di te de se
ven ger, dis po se tout ce qui
est né ces sai re pour hâ ter sa
per te.

Re cé voir un bien fait de
bon ne grâ ce, et trou ver
du plai sir à se rap pe ler

ses o bli ga tions, est une
mar que cer tai ne d'un cœur
grand et bien pla cé.

L'en vie est de tous les vi-
ces, ce lui qui co pie le dé-
mon a vec le plus d'ex ac ti-
tu de et de res sem blan ce.

Le dé ses poir est le par-
ta ge d'une â me fai ble et
ram pan te : la ré si gna tion
et la pa ti en ce sont ce lui
d'un es prit fort et qui sait se
pos sé der.

Dieu s'est dé cla ré le pro-
tec teur des af fli gés : c'est
donc lui res sem bler que de
leur don ner du se cours.

Veux tu t'af fer mir dans

tes bon nes ré so lu ti ons,
prends tou tes sor tes de moi-
iens pour te les rap pe ler
sans ces se.

LES PETITS MENTEURS.

20. Deux en fants qui jou-
aient dans un salon où se trou-
vaient de fort beaux vases en
por ce lai ne, les cas sè rent,
et pour ca cher cet te é tour-
de rie, fu rent as sez mé-
chants pour en ac cu ser leur
bon ne. Cel le ci n'eut pas de
pei ne à se jus ti fier et par-
vint à prou ver que les deux
en fants é taient eux-mêmes

cou pa bles. Le père se fit un
de voir de pu nir un men-
son ge aus si a bo mi na ble ;
il les chas sa de sa mai son,
et leur dé fen dit de se pré-
sen ter de vant lui , jus qu'à
ce qu'il eut ac quis la cer ti-
tu de qu'ils s'é taient cor ri-
gés d'un vi ce aus si o dieux.
Le men teur est aus si à crain-
dre qu'un voleur ; on doit le
fuir et le mé pri ser.

Ne montez jamais sur les toits.

21. Théodule, jeune enfant de la plus belle espérance, donnait à ses parents mille sujets de satisfaction. Sa mère était allée faire quelques emplettes pour le récompenser de son application et l'en courager dans ses études, lorsque sur le point de rentrer chez elle, elle trouve beaucoup de monde rassemblé autour de sa maison et les yeux fixés sur le toit.

Quelle fut la douleur de cette tendre mère en apercevant son fils qui était sorti

par la fenêtre du grenier, et
qui se trouvait dans le mo-
ment au milieu du toit! On
était allé chercher des mate-
lats, qu'on se proposait de
mettre au pied de la muraille
afin de diminuer la violence
de la chute que pourrait faire
Théodule en revenant sur
ses pas ; mais ils n'arrivèrent
point assez vite : le petit im-
prudent s'étant retourné,
tomba et fut tué sur le coup.
Sa mère ne lui survécut que
de quelques minutes.

NOTIONS SUR L'HISTOIRE NATURELLE.

22. Mes chers enfants, la Terre que nous habitons, a la forme d'une boule ; c'est le soleil qui lui procure la lumière et la chaleur : sans lui, point de végétation sur la terre. La lune paraît aussi grande que le soleil ; mais elle répand bien moins de lumière, parce qu'elle réfléchit seulement celle qui lui vient du soleil.

Les étoiles n'apparaissent que comme de petits points brillants ; il y en a une infinité. Les étoiles sont autant de soleils que leur éloignement fait paraître petits.

L'EAU.

23. L'eau tombe de l'air, sous forme de pluie ; elle passe à travers les fentes des rochers ; elle sort des montagnes en sources plus ou moins abondantes ; elle coule en ruisseaux à la surface du sol ; ces ruisseaux se joignent et produisent les rivières et les fleuves, qui vont se jeter dans la mer.

La mer, mes enfants, est si étendue et si profonde, qu'en beaucoup d'endroits on n'en peut trouver le fond. L'eau en est salée ; on

ne peut la boire. Exposée au soleil, elle s'é-
vapore, laisse un dépôt de sel qui sert à
assaisonner nos aliments.

L'eau pure est la plus saine de toutes les
boissons ; elle est nécessaire à tous les ani-
meux. Lorsqu'elle est trouble, on la clarifie
en la filtrant à travers des morceaux de
charbon, de sable, ou certaines pierres po-
reuses, et contient de l'air que les poissons
respirent.

Le froid fait geler l'eau, et la chaleur la
transforme en vapeur.

L'AIR.

24. L'homme aurait inutilement reçu les
sens dont il est pourvu, si Dieu n'avait pas
entouré la terre que nous habitons, d'une
couche d'air, qu'on nomme atmosphère.

L'homme ni les animaux ne peuvent vivre
sans respirer l'air ; les plantes elles-mêmes
ne pourraient s'en passer.

Sans l'air, nous ne pourrions faire de feu ;
un corps enflammé s'éteint dès qu'il est privé
d'air.

C'est par l'air que le son se propage avec
rapidité : c'est l'air qui fait tourner les mou-

lins à vent, qui porte les vaisseaux, qui soutient les oiseaux et les cerfs-volants; c'est
l'air qui forme la couleur bleue du firma-
ment et qui soutient les nuages où se forment
la pluie, la neige, la grêle, et où brille l'é-
clair et gronde le tonnerre.

LE FEU.

25. Le feu n'est guère moins utile que l'eau
et l'air. Sans le feu, l'homme ne pourrait exis-
ter dans les pays très froids, tels que la Sibérie,
une grande partie de la Russie et de l'Amérique septentrionale; il vivrait même avec
peine dans les climats tempérés, puisqu'il ne
pourrait ni cuire ses aliments, ni forger les métaux, etc. Le feu n'existe naturellement que
dans les volcans en éruption, ou dans les
corps enflammés par la foudre, ou dans ceux
que la fermentation finit par embraser. Aucun animal ne sait produire du feu pour ses
besoins.

L'homme seul a su inventer les moyens de
s'en pourvoir. On n'a jamais trouvé aucune
société d'hommes, quelque barbare qu'elle
fût, qui ne connût le feu et ne sût s'en pro-
curer. Les sauvages allument du feu en frot-

tant rapidement deux morceaux de bois l'un contre l'autre. Si l'on frappe vivement un caillou avec de l'acier, les parcelles d'acier qui s'en détachent brûlent dans l'air et enflamment l'amadou sur lequel on les reçoit.

Les vastes forêts qui couvrent la surface de la terre suffiront longtemps à nos besoins; et la nature nous conserve dans son sein d'immenses provisions de charbon de terre, que l'on commence partout à exploiter avec succès. Ces mines de charbon de terre sont le produit d'antiques forêts et de débris de végétaux que les révolutions du globe ont enfouis dans la terre.

Le feu cause souvent les plus cruels désastres dans les fermes et dans les maisons, si l'on ne prend pas continuellement les plus grandes précautions pour s'en préserver.

HISTOIRE NATURELLE.

LE CORPS.

26. Cette vaste étendue qu'on appelle la terre, est habitée par un nombre infini de créatures, dont l'homme est la plus parfaite.

Tous ces êtres, doués de la vie, ont un corps à l'aide duquel ils sentent le plaisir ou la peine, et ils possèdent des facultés proportionnées à leurs besoins. L'homme seul a une âme faite à l'image de Dieu.

La structure et l'organisation du corps humain prouvent admirablement la prévoyance et la sagesse du créateur.

A l'extérieur sont deux *yeux* pour voir les objets, deux *oreilles* pour entendre les sons, un *nez* pour sentir les odeurs, une *langue* pour goûter les aliments et pour parler.

La partie supérieure du corps, ou la *poitrine*, renferme :

Le *cœur*, qui fait circuler le sang dans toutes les parties du corps, à l'aide des *artères*, qui le portent jusqu'aux extrêmités, et des *veines*, qui le ramènent sans cesse au cœur, pour recommencer perpétuellement le même travail, jusqu'à ce que la mort vienne arrêter ce mouvement ; les deux *poumons*, principaux organes de la *respiration* ; l'air, après y avoir séjourné deux ou trois secondes pour agir sur le sang, en sort par l'*expiration*.

La partie inférieure contient l'*estomac*, où

se digèrent les aliments qui nourrissent l'homme et entretiennent la vie; le *foie,* qui sécrète la bile; et la *rate,* dont on ignore encore la fonction.

Les *os* composent la charpente du corps; ils sont entourés de *muscles* qu'on appelle chair. Des *nerfs,* ainsi que des *veines* et des *artères,* parcourent toutes les parties du corps.

L'AME.

27. Il y a quelque chose en nous qu'on ne peut ni voir ni toucher, et qui règle tous les mouvements du corps : ce quelque chose s'appelle *âme.*

C'est l'âme qui *sent, pense, raisonne, invente,* se *rappelle* les choses passées, et dont la *prévoyance* nous est souvent utile. C'est elle qui *veut* le bien et le mal, qui mérite récompense ou punition.

L'âme est immortelle. Elle acquiert des connaissances et se perfectionne par l'étude. On ne sait pas comment elle est unie au corps. Elle s'en sépare à la mort, qui arrive par suite de graves maladies, d'accidents violents, ou de vieillesse.

LES SENS.

28. L'homme et la plupart des animaux ont cinq sens, qui sont : la *vue*, l'*ouïe*, l'*odorat*, le *goût*, le *toucher*.

Plusieurs animaux ont des sens plus parfaits que les nôtres. Le chien a l'odorat beaucoup plus subtil ; il sent les objets de bien plus loin que nous. Les oiseaux ont la vue plus perçante.

Malgré l'infériorité de ses sens, et quoiqu'il soit bien moins fort, bien moins agile que certains animaux, tels que l'éléphant, le cheval, le tigre, l'écureuil, etc., l'homme a, par l'intelligence et par la parole, une supériorité immense sur tous les animaux : il est le roi de la terre.

LES ANIMAUX.

29. Le corps de beaucoup d'animaux présente les mêmes parties que le corps de l'homme, mais avec des formes différentes. Une sorte d'intelligence, qu'on appelle l'*instinct*, guide les animaux ; c'est par l'instinct qu'ils pourvoient à leurs besoins et à leur conservation.

Il y en a de bien des espèces : des animaux

qui marchent ou rampent sur la *terre*, des
oiseaux qui volent dans les *airs*, des poissons
qui nagent dans les *eaux*. Il y en a de toutes
les grandeurs, depuis la baleine, qui est
mille fois plus grosse qu'un cheval, jusqu'aux
animalcules qui vivent par milliers dans une
goutte d'eau, et qu'on ne peut voir qu'avec
un microscope, instrument qui les fait paraître plusieurs centaines, et même plu-
ieurs milliers de fois plus gros qu'ils ne sont
réellement.

LES ANIMAUX DOMESTIQUES.

30. Le *chien* est le fidèle ami et le gardien de
l'homme ; le *cheval* partage les travaux du la-
boureur et du guerrier ; le *chat* débarrasse
le logis des souris et des rats.

L'*âne* et le *chameau* sont des bêtes de som-
me extrêmement laborieuses. Leur sobriété
et leur patience augmentent encore leur
utilité.

Le *coq*, par son chant matinal, nous ré-
veille et nous invite à la vigilance et au travail.

Le *bœuf*, le *veau* et la *vache* nourrissent
l'homme de leur chair ; la vache lui donne

encore son lait. La peau de ces animaux sert à faire des semelles et des empeignes pour les souliers. On fait des étoffes avec le poil de la *chèvre*; son lait et celui de l'*ânesse* sont très salutaires.

Le *porc* fournit le lard, et une viande qui se conserve bien lorsqu'elle est salée; le *mouton* donne le suif pour les chandelles et la laine pour le drap : sa chair est très nourrissante. Les *poules*, les *pigeons*, les *oies* et les *canards*, fournissent des plumes, des œufs et une chair délicate.

Parmi les animaux, les uns sont *carnivores*, c'est-à-dire qu'ils mangent de la chair d'autres animaux; les autres sont *frugivores*, c'est-à-dire qu'ils se nourrissent des productions de la terre, herbes, fruits, légumes.

L'homme est à la fois *frugivore* et *carnivore*. Outre la chair des bêtes que nous venons de nommer et d'autres semblables, il mange encore des fruits et des légumes.

LES PLANTES OU VÉGÉTAUX.

31. Le sol est presque partout recouvert d'une couche de terre qu'on nomme *végétale*, parce qu'elle est propre à nourrir les plantes

ou *végétaux*. La plupart des plantes sont atta-
chées au sol par des *racines*, qui pompent
les sucs de la terre et les transforment en
sève. La sève, passant à travers les tiges
et les branches, donne la vie aux *fleurs*. Les
fleurs produisent ensuite les *fruits*, qui, mû-
ris par le soleil, servent de nourriture à
l'homme.

Dans l'intérieur des fruits est renfermée la
graine ou semence, qui, placée dans la terre,
reproduit des arbres et des plantes de même
nature. Les plantes dont la tige se durcit et
donne du bois, se nomment *arbres* ou *arbris-
seaux*; celles dont la tige reste toujours verte,
prennent le nom d'*herbes*.

La plupart des fruits ont une peau qui re-
couvre *une pulpe* ou espèce de chair, laquelle
contient une ou plusieurs graines, qu'on
nomme noyaux ou pépins. La pulpe est une
sorte d'éponge dont les petites cavités ou
cellules renferment des liqueurs acides ou su-
crées. Les noyaux ou pépins sont formés
d'une coque, qui contient une amande où se
trouve le germe de la plante.

LES PARTIES UTILES DES PLANTES.

32. Diverses parties des plantes sont em-

ployées comme aliments, ou fournissent des médicaments précieux.

Celles qui servent le plus utilement à la nourriture de l'homme sont les graines farineuses, le *blé*, le *seigle*, l'*orge*, le *maïs*, le *sarrazin*, les *pois*, les *haricots*; les tubercules charnus de la *pomme de terre*; les fruits pulpeux, tels que les *poires*, les *pommes*, les *prunes*, les *pêches*, les *cerises*, les *raisins*, les fruits de l'arbre à pain, les *cocos* des Indes, les *dattes* de l'Afrique, les *bananes*, les *figues*, les *ananas*; les feuilles et les racines qu'on nomme légumes, comme l'*oseille*, le *chou*, la *laitue*, les *épinards*, les *carottes*.

Le *sucre* s'extrait de la tige d'une espèce de roseau nommé *canne à sucre;* on le retire aussi des racines de la betterave. Les graines d'un arbre d'Arabie donnent le *café;* l'écorce d'une espèce de laurier fournit la *cannelle*. On prépare le chocolat avec les graines du *cacao*, et le thé avec les feuilles d'un arbuste de la Chine.

La racine de la rhubarbe fournit un médicament légèrement purgatif; l'écorce d'un arbre du Pérou donne la poudre de *quinquina*, qu'on emploie pour combattre la fièvre.

On retire de cette poudre la *quinine*, qui en est le principe actif, et avec laquelle on fait le *sulfate de quinine*. Une petite dose de ce sulfate produit le même effet qu'un poids beaucoup plus considérable de quinquina.

LIQUIDES NUTRITIFS.

33. Indépendamment des aliments *solides*, tels que la chair des animaux, les fruits et les légumes, l'homme a besoin des *liquides* pour sa nourriture, les uns produits par les végétaux, tels que le *vin*, l'*eau-de-vie*, l'*alcool* ou esprit-de-vin, les *huiles;* les autres produits par les animaux, tels que le *lait* et les *œufs*.

Le *vin*, le *cidre* et la *bière* s'obtiennent, le premier par la fermentation du raisin ; le second, par la fermentation des pommes et des poires ; la troisième, par celle de l'orge.

Lorsqu'on fait chauffer ou qu'on distille le vin, le cidre ou la bière, on en extrait l'*alcool*. L'eau-de-vie n'est que l'alcool mêlé d'eau.

En pressant les olives ou les noix, on en obtient de l'*huile* bonne à manger. Certaines graines, telles que le chènevis, le colza, la navette, nous donne l'huile de lampe.

Le lait, première nourriture des animaux, nous donne la *crême*, le *beurre* et beaucoup de *fromages* de diverses qualités.

Le blanc d'œuf est une substance qui s'appelle *albumine*; le jaune d'œuf contient une sorte d'huile colorée.

L'*albumine* se trouve dans le sang, qui contient, outre l'eau, une matière rouge. C'est avec le sang de cochon qu'on fait le boudin, et avec celui de bœuf qu'on clarifie les sirops.

LA TERRE.

34. La terre ne produit pas seulement pour l'homme des aliments abondants et variés ; elle lui fournit encore des matériaux utiles pour se construire des abris, pour orner son habitation, pour se créer des ressources de tout genre.

Au-dessous de la terre végétale, qu'on laboure pour y semer des grains et récolter des plantes, se trouvent des *argiles*, des *sables*, de la *craie* ou des corps plus ou moins durs, qu'on nomme *pierres* ou *roches*. Ces pierres sont en couches placées les unes sur les autres; elles forment des rochers, des montagnes. Les pierres brisées et réduites en poudre produisent les différentes terres.

Les pierres servent à bâtir les maisons; les argiles, à faire des pots, des vases, des briques, des tuiles, qu'on fait durcir en les chauffant au feu ou au soleil. Lorsque l'argile est fine et blanche, on en fait de la porcelaine.

L'ardoise est un limon qui s'est durci dans le sein de la terre.

La pierre à chaux, la craie et le marbre sont de même espèce. Ils se changent en *chaux vive* par la cuisson. La chaux, mêlée à l'eau, se réduit en une pâte dans laquelle on met du sable pour faire le mortier.

Le gypse se cuit, et se gâche ensuite avec l'eau. On en fait des ornements et des figures moulées.

Le *plâtre* de Paris est un gypse mêlé avec un peu de pierre à chaux.

Les cailloux, le sable, la pierre à fusil et le grès, sont de même espèce. En fondant par le feu du sable avec de la potasse, de la soude ou de la chaux, on obtient le *verre*. Le *cristal* se fait en fondant du sable avec du plomb et de la potasse.

LES MÉTAUX.

35. Sans la découverte et l'emploi des métaux, l'hômme serait resté dans l'état misé-
rable où se trouvent encore quelques peupla-
des sauvages de l'Amérique et de la Nouvelle-
Hollande. Le fer est, de tous les métaux, le
plus utile à l'homme; par un bienfait de la
nature, c'est celui qui se rencontre le plus
fréquemment dans presque tous les pays.
L'or et l'argent, comparativement au fer, ne
seraient presque d'aucun prix, si on n'était
convenu d'employer ces métaux comme si-
gnes représentatifs des richesses, et comme
un moyen d'échange, en les convertissant en
monnaie.

Les métaux se trouvent enfouis dans la
terre, quelquefois purs, mais le plus souvent
mêlés avec d'autres corps dont on parvient à
les dégager par des procédés chimiques. Or-
dinairement ils sont loin d'offrir, avant le
travail de l'homme, l'aspect sous lequel nous
sommes accoutumés à les voir. Ainsi le mi-
nerai dont on retire le fer est le plus souvent
une matière compacte, rougeâtre, facile à
réduire en poudre.

L'*or*, l'*argent*, le *platine*, le *cuivre* et le *fer*
s'étendent aisément en lames et en fils; l'*é-
tain* et le *zinc* sont moins *ductiles*, c'est-à-
dire qu'ils prennent moins aisément la forme
qu'on veut leur donner; le *plomb* est très
mou; le *bismuth*, l'*antimoine* et l'*arsenic* sont
cassants; le *mercure* ou vif-argent est li-
quide et susceptible de bouillir et même de
se résoudre en vapeur; il faut un très grand
froid pour lui faire perdre sa fluidité et le
rendre dur comme les autres métaux.

Le *platine* est très difficile à fondre : c'est
le plus pesant des métaux.

L'or est celui qui s'altère le moins à l'air.
L'arsenic et le cuivre sont de violents poi-
sons. C'est pour cette raison qu'il faut entre-
tenir une couche d'étain dens les vases de
cuivre employés à préparer les aliments. Le
fer étamé s'appelle *fer-blanc*.

LES DIVISIONS DU TEMPS.

36. Le jour a vingt-quatre heures. L'heure
a soixante minutes. La minute a soixante secondes.

L'année 1840 se composait de 366 jours.
Il en sera de même de quatre ans en quatre

ans : c'est-à-dire que les années 1844, 1848, 1852, etc., auront chacune 366 jours. Mais les autres années auront un jour de moins. Une année de 366 jours s'appelle *bissextile*.

Une année se partage en douze mois : Janvier, Février, Mars, Avril, Mai, Juin, Juillet, Août, Septembre, Octobre, Novembre, Décembre.

Janvier, Mars, Mai, Juillet, Août, Octobre, Décembre, ont chacun trente-un jours. Avril, Juin, Septembre et Novembre, ont chacun trente jours. Février a vingt-neuf jours toutes les années bissextiles; il n'en a que vingt-huit, les autres années.

Il y a quatre saisons dans l'année : le *printemps*, qui commence le 21 mars; l'*été*, le 21 juin, jour le plus long; l'*automne*, le 21 septembre; et l'*hiver*, le 21 décembre, jour le plus court.

Cent ans forment un *siècle*.

LE CALENDRIER.

37. Le *Calendrier* est la liste des jours qui composent une année. Les jours y sont distribués par *mois* et par *semaines*. Chaque jour porte un *numéro* qui est relatif au mois, et un nom qui est relatif à la semaine.

Ainsi l'on dit de tel jour, qu'il est le premier, ou le second, ou le troisième, etc., du mois ; et qu'il se nomme *lundi*, ou *mardi*, ou *mercredi*, ou *jeudi*, ou *vendredi*, ou *samedi*, ou *dimanche*, qui sont les noms des sept jours de la semaine.

Le Dimanche est le jour de repos, et les six autres jours de la semaine sont les jours *ouvrables*.

Chaque jour de l'année est la fête d'un *saint*, et de toutes les personnes qui portent le même nom que ce saint.

Il y a en outre des fêtes religieuses qui sont publiques. Les principales sont : celle de *Pâques*, qui arrive en mars ou avril ; celle de l'*Ascension*, qui vient quarante jours après Pâques ; celle de la *Pentecôte*, qui tombe le dixième jour après l'Ascension ; celle de la *Fête-Dieu*, qui est au mois de juin, et enfin celle de *Noël*, qui arrive le 25 décembre et précède de huit jours le premier jour de l'an.

FIN.

Imprimerie hydraulique de Ginoux et Vialat, à Saint-Denis-du-Port, près Lagny.

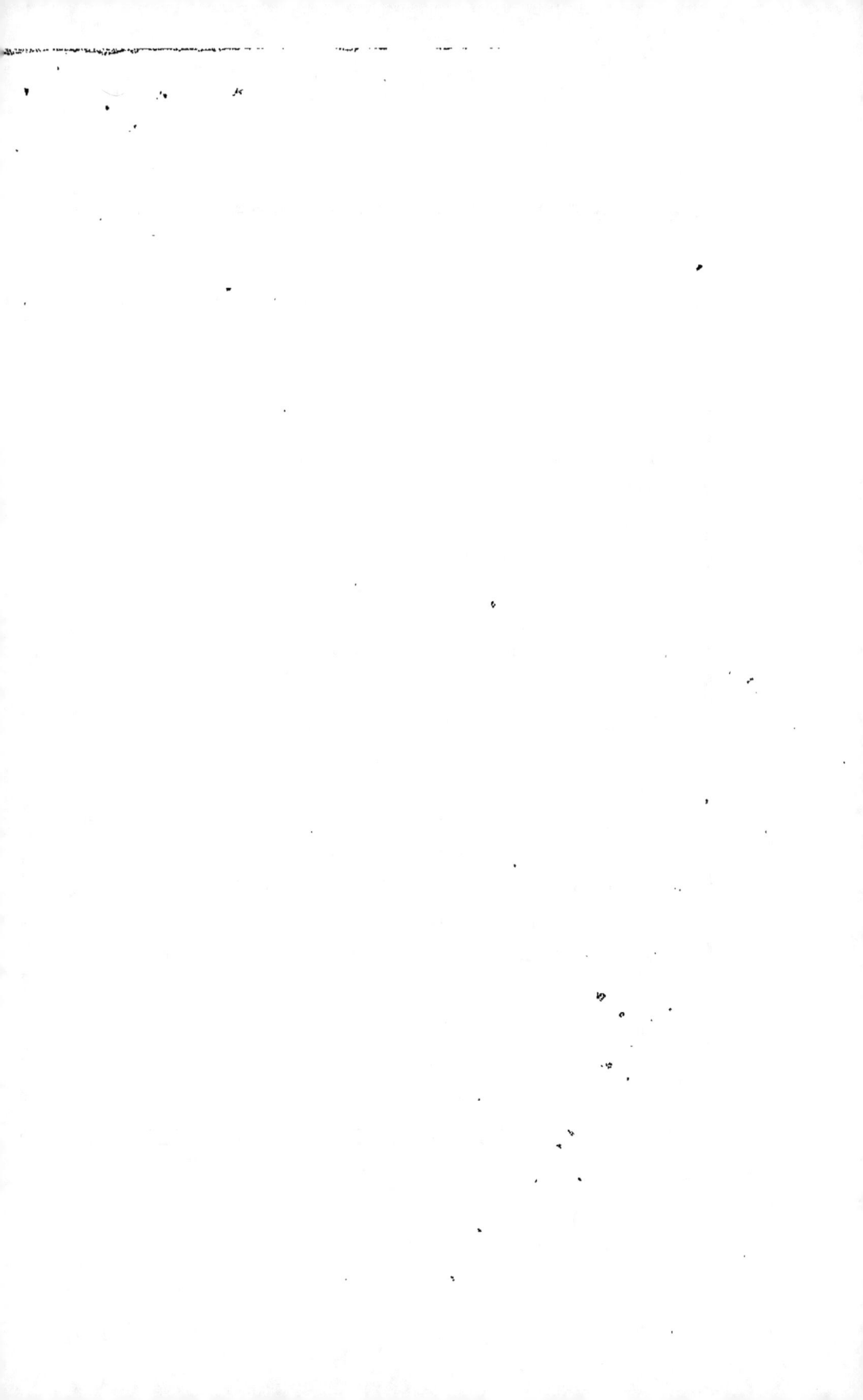

ON TROUVE A LA MÊME LIBRAIRIE.

Premier Alphabet à l'usage des Écoles primaires.

Pensée chrétienne.

Catéchisme historique.

Épîtres et Évangiles.

Histoire abrégée de l'Ancien-Testament.

Les devoirs du Chrétien.

Histoire de la Bible de Royaumont.

La Morale en action.

Madame Marcel ou l'Ami de la Jeunesse.

Choix de lecture morale gradué.

Histoire Sainte.

Histoire de France de MM. Ansart-Foris, Nicolas Lacroix, Le Ragois, L. Constantin, madame de Saint-Anne.

Grammaires Lhomond, Bécherel, Noël et Chapsal, Le Tellier, Napoléon Landais, etc. etc.

Géographie de Paris, Le Tellier, l'abbé Gautier, Missos et Michelot, etc., etc.

Enfin, tous les classiques provenant des maisons Ed. Tétu, Hachette, Langlois et Leclère, au prix de Paris.

Imp. de Giroux et Vialat, à Saint-Denis-du-Port, près Lagny.

www.ingramcontent.com/pod-product-compliance
Lightning Source LLC
LaVergne TN
LVHW051503090426
835512LV00010B/2318